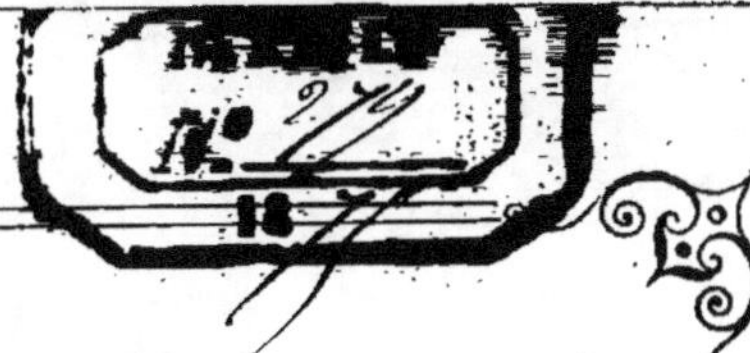

NOTICE

SUR

M. D. FERAUD

LIEUTENANT-COLONEL D'ÉTAT-MAJOR DU GÉNIE

Membre du Conseil général des Alpes-Maritimes

MONTPELLIER

IMPRIMERIE L. CRISTIN ET Cᵉ, RUE VIEILLE-INTENDANGE, 5

1875

M. D. FERAUD

Les anciens de Gattières (canton de Vence) ont encore
souvenir du grand-père du Colonel du Génie Feraud,
de ce robuste vieillard, qui accroissant son patrimoine
de famille par le travail et l'épargne, en était arrivé à
pouvoir acquérir, à Gattières même, une moitié des
domaines de l'ancien Seigneur descendant direct des
derniers comtes de Grimaldi.

Le fils de ce rude travailleur naissait (en 1794) au
milieu de ces hommes du Tiers-État, qui, dès-lors,
avaient déjà conquis le droit d'être comptés pour
quelque chose parmi les classes dirigeantes de notre
état social : le citoyen Feraud, père du colonel, fut un
instant Percepteur après la chute de l'Empire, mais il
se démit bientôt de ses fonctions pour se consacrer
tout entier à l'éducation de ses enfants et à l'exploita-
tion rurale, prêchant ainsi d'exemple dans l'affermisse-
ment de la famille et de la propriété.

L'un de ses fils, Désiré Feraud, aujourd'hui lieutenant-colonel d'état-major du génie, fit ses premières
études au collège d'Antibes et entra à 19 ans à l'École
polytechnique. Sorti dans l'arme spéciale du génie, il
passa comme lieutenant et puis comme capitaine de
longues années en Algérie, où, attaché de bonne heure

à l'Administration coloniale et aux rudes travaux que l'armée a exécutés de tout temps dans ce pays, il se rendit familières toutes les questions qui se rattachaient directement à l'avenir de cette conquête que la France a payée de tant de sang et du plus généreux. N'est-ce pas dans cette seconde France, en effet, qu'un grand nombre d'officiers distingués ont fait leur meilleure école d'économie politique et d'administration ?

Au moment de l'organisation des Colonies agricoles dont l'Assemblée nationale de 1848 dota l'Algérie, le capitaine Feraud put déjà voir de près la difficulté de gouverner et d'administrer des citoyens colons qui, à cette époque troublée, avaient imposé au Gouvernement national le douloureux devoir de résoudre, sans trop tarder, un des plus graves problèmes de la question sociale. La croix d'honneur vint récompenser ses services. Ce fut peu de temps après que, fatigué par un séjour non interrompu de sept ans dans les deux provinces les plus riches de notre conquête, le capitaine Feraud demanda à rentrer en France. Il était en convalescence dans sa famille, quand, en mars 1850, il reçut l'ordre tout-à-fait imprévu de retourner en Afrique. Vers la fin de 1851, et à la suite d'une nouvelle convalescence, il était à peine arrivé auprès de son père, à Gattières, qu'il fut rappelé pour la deuxième fois en Algérie où il trouva l'ordre qui l'envoyait dans le Sud, vers Lambessa. Ce fut alors que le capitaine Feraud dont la conduite avait toujours été celle d'un soldat qui, tout en restant citoyen, ne doit pas oublier les devoirs imposés à l'armée, demanda à passer et passa effectivement devant un conseil d'enquête qui devait préciser les motifs pour lesquels un officier ne pouvait ainsi revoir la France sans qu'il s'en suivit aussitôt un ordre d'exil.

Le commissaire du 1er conseil de guerre siégeant à Marseille établit (bien de nos concitoyens de Vence, d'Antibes, de Cannes, de Biot, de Cagnes, etc., peuvent se rappeler encore ce fait tout contemporain) que la conduite du capitaine Feraud avait été irréprochable pendant ses deux congés de convalescence de 1850 et 1851. Néanmoins, le ministre de la guerre, Leroy de Saint-Arnaud, écrivit de sa propre main au bas du verdict :

« Cet officier du génie a été jugé digne d'être maintenu dans l'armée, néanmoins dans l'état d'effervescence où sont actuellement les esprits dans le département du Var, il restera jusqu'à nouvel ordre interné en Algérie où il continuera le service de son grade. »

Une pareille conclusion se passe de commentaires, le capitaine Feraud était bien, en ce qui le regardait, reconnu irréprochable, même au point de vue politique, mais il expiait le crime de son père, homme intègre, républicain constitutionnel, maire de 1848 à Gattières, suspendu de ses fonctions électives à la suite du Coup d'État de Décembre 1851, et obligé de fuir précipitamment à Nice même, sur la frontière italienne, la singulière justice du prince régnant et des commissions mixtes.

Grâce toujours à la même défaveur, nous retrouvons le commandant Feraud de 1863 à 1867 (après une station de 18 ans dans le grade de capitaine, dont 16 en

Algérie), chef de l'arme du génie à Sisteron, vrai poste de disgrâce, et puis un peu plus tard à Draguignan. Il continue dans ce dernier poste l'étude de l'organisation Franco-Italienne, des voies de communication de terre et d'eau et de toutes les questions économiques qui, par une solution pratique, peuvent accroître les produits de ce sol tourmenté de la Basse-Provence ; on sait que là, en effet, le soleil dessèche un trop grand nombre de cours d'eau, et voit ce qui en reste se perdre inutilement en filets épars dans le lac Méditerranéen.

Au commencement de 1868, le commandant Feraud est appelé à Paris où il reçoit la croix d'officier de la Légion d'honneur. Il était chevalier du même ordre national depuis plus de 19 ans. Au mois de juin 1870, il se présente comme candidat au Conseil général des Alpes-Maritimes, pénétré de l'idée que sa présence dans ce Conseil pourra lui fournir l'occasion d'appliquer ses études techniques aux travaux publics et à des questions d'intérêt social. C'était alors que fleurissaient les candidatures officielles, et les républicains du canton de Vence se rappellent encore le succès de la cause qu'ils finirent par faire triompher au scrutin de ballottage, le 12 juin.

La guerre néfaste de 1870 vit comprendre le commandant Feraud dans les rangs du 6me corps de l'armée du Rhin. Étant à Paris depuis près de trois ans, et ayant vu de près l'abaissement général des caractères, il partit sans se croire en route pour Berlin ; l'illusion, cette conductrice fatale des esprits légers et qui ne voient que la surface dans les événements contemporains, ne l'avait jamais aveuglé.

Blessé à Saint-Privat le 18 août et fait prisonnier sous les murs de Metz, il partagea le sort du très-grand nombre d'officiers de tous grades qui, même chargés de famille, préférèrent la captivité en Allemagne à la honte douloureuse d'assister, en étrangers et sous la pression d'un serment arraché par la force, aux luttes désespérées de la Patrie.

Dans la phase sombre de son internement de captif à Hambourg, le commandant Feraud ne put obtenir du gouverneur prussien l'envoi à Nice d'une profession de foi, dans laquelle il aurait fait connaître que, dans sa pensée, vouloir continuer la guerre, après l'armistice de fin janvier, ne serait qu'une noble folie. L'expérience apprend vite (et la sienne était vieille) que les armées solides ne se décrètent ni ne s'improvisent, même sous l'impulsion de la fièvre patriotique.

A son retour en France, avril 1871, le commandant Feraud, en proie à ce mal qui dévorait tant de cœurs ébranlés par les désastres de la nation mutilée, avait obtenu un congé de trois mois. Mais il reste un effort à faire, celui qui doit arracher Paris aux mains de certains meneurs forcenés qui, non contents d'être aux gages de l'ennemi, entraînaient dans leur abominable trahison un peuple inconscient des plus redoutables calamités...... L'Assemblée nationale ordonnait: le commandant Feraud ne pouvait hésiter. Après avoir pu échapper, non sans péril, aux perquisitions de la Commune, il sortit de Paris, et reçut son poste de combat,

Il assista comme sous-chef d'état-major du Génie du
4° Corps d'armée, à ce long et terrible épisode de la
guerre civile à jamais lamentable universellement où la
mort frappa tant de ses braves compagnons d'armes
échappés comme lui au fer de l'ennemi séculaire et aux
tristesses d'une captivité sans exemple dans l'histoire.

Après le siége de Paris, le commandant Feraud
pensa que les citoyens qui lui avaient fait l'honneur de
lui donner leurs suffrages (10,000 environ), alors qu'il
était à Hambourg, en février, songeraient encore à lui
le 2 juillet, jour des élections complémentaires, et il
crut leur devoir de venir poser à Nice sa nouvelle
candidature..... mais il s'aperçut bientôt que son nom
mêlé aux débats électoraux, alors en pleine effervescence, pourrait produire une diversion fâcheuse et faire
triompher les ennemis de la République. Il se retira.

Aux réélections du Conseil général, en septembre
1871, le commandant Feraud, qui a toujours renfermé
étroitement ses ambitions en ce qui est accordé par la
volonté de ses concitoyens, obtint un nouveau succès
électif, le plus cher de ceux qu'il envie : sa profession
de foi fut la même que celle déjà exprimée en juin
1870, c'est-à-dire conforme à la loi, étrangère à toute
politique, ne visant que les problèmes sociaux (et
parmi ceux-ci, le plus grave, l'éducation nationale)
qui ont été l'objet des études de sa vie. C'est de leur
solution, en effet, que dépend le développement moral
et matériel du plus grand nombre, notamment des
classes rurales qui, profondément honnêtes, sont enne-
mies des révolutions causes de ruine pour la France,

mais qui, à leur tour, sont si souvent vouées à toutes les misères qu'engendre l'ignorance.

Déjà avant la guerre néfaste de 1870, le conseiller général du canton de Vence n'écrivait-il pas :

« Je suis de ceux qui pensent que pour faire un »grand peuple, il faut d'abord l'instruire (j'entends par »là lui donner au moins le minimum d'instruction »nécessaire), relever à tous les degrés les hommes du »devoir qui ont mission d'instruire, et parmi eux les »moins favorisés d'abord, les instituteurs primaires. »

Dans cet ordre d'idées, le conseiller Feraud, dans la session de 1871 et dans toutes celles qui l'ont suivie, a été assez heureux pour s'associer à tous ses collègues du département, pour demander à l'Assemblée de Versailles la réalisation du vœu devenu national depuis la fin de la guerre « l'instruction obligatoire. »

C'est par cette loi, sagement appliquée, et par celle du service militaire, non moins obligatoire, que la France pourra se relever.

Parmi les travaux auxquels le colonel Feraud s'est plus spécialement attaché, il faut citer en première ligne son projet d'emprunt pour chemins vicinaux. Ce projet était présenté sous le bénéfice de la loi vraiment démocratique du 11 juillet 1868 et qu'on peut appeler providentielle avec juste raison. On sait, en effet, que cette loi a pour but de donner des subventions d'autant plus fortes, que les départements et les communes sont plus pauvres, sur une somme totale de 115 millions pour la France entière et pour une période limitée à dix ans, de 1869 à 1878. Ce projet, qui dans la proposition du colonel Feraud, devait comprendre plus de deux millions au profit des Alpes-Maritimes, et qui fut réduit à un million, ne doit-il pas avoir pour résultat d'accroître, par d'excellentes voies de communications, le bien-être des populations, de leur permettre d'élever plus dignement leurs enfants, de les faire participer aux jouissances qui agrandissent l'âme et la placent au-dessus de la matière ? ce bien-être n'est-il pas un coin de la terre promise, vers laquelle tout citoyen, animé de la passion du bien public, doit conduire ceux qui lui donnent leur confiance. Faire la guerre à l'ignorance et au fanatisme ! telle est la seule guerre désirable qu'admette le colonel Feraud, la seule qu'il ait jamais admise, tout en faisant l'autre de son mieux et en homme de devoir.

Après la question des chemins vicinaux, l'objectif du conseiller général du canton de Vence a été l'achèvement des routes départementales et de l'endiguement de la rive droite du Var. Par son initiative, un syndicat a été autorisé, et un premier crédit de 1,533,000 fr. a été obtenu, en septembre 1873, au ministère des travaux publics, peu de temps après que le commandant Feraud venait d'être envoyé comme chef du génie sur les frontières d'Espagne, à Perpignan. Cet envoi de Paris aux Pyrénées ne fut-ce pas une épreuve de plus ?

Ce dernier grand travail de digue longitudinale, qui aura pour but de soustraire 12 kilomètres de longueur de rive aux corrosions du Var et de conquérir plus de 600 hectares sur les graviers actuels, sera le digne pendant de l'endiguement déjà terminé depuis huit ans sur la rive gauche ; et c'est ainsi que les populations des deux rives confondant à l'avenir leurs intérêts, et ne se regardant plus d'un œil jaloux, pourront se donner fraternellement la main.

Il restera à réaliser encore le grand projet du canal en rive droite sur ce même fleuve, qui doit correspondre à celui dérivé de la Vésubia, pour le territoire de Nice–Campagne ; mais le bien ne se produit que lentement contre le gré de l'homme, c'est pourquoi il doit savoir se résigner en vertu de la maxime: « Chaque jour suffit à sa tâche.» Il doit savoir attendre avec sagesse et calme la récolte, dont la semence vient de germer à peine, à la suite des revers inouïs qui ont enlevé tant de milliards à la patrie.

M. le lieutenant-colonel Feraud, dont il est question dans cette courte notice, a quarante ans de services révolus depuis le 1er octobre dernier et 18 campagnes ; dans ces conditions d'expérience acquise et de devoirs scrupuleusement remplis et rappelant les premiers suffrages qui lui furent donnés par ses concitoyens, aux élections du 8 février 1871, il a plus que jamais le désir très-vif de garder, vis-à-vis des populations au milieu desquelles il est né, le caractère très-net qu'on lui a toujours connu. Homme de progrès, mais en même temps de mesure, il serait heureux que la Constitution devienne pour tous un centre de ralliement. Votée par l'Assemblée nationale presque tout entière, cette Constitution est aujourd'hui la loi, par conséquent le salut; qui n'est pas républicain aujourd'hui, au moins par raison, refuse de servir l'ordre et de pousser le pays dans la voie de l'apaisement social.

Il fait donc appel et à ceux qui trouvent dans le nouvel ordre de choses l'avènement de leurs convictions anciennes et à ceux dont les regrets momentanés n'étouffent point le patriotisme ; à ces derniers, en particulier, il dira : Que feriez-vous hors de la République ? Bonapartistes, voudriez-vous dévorer les d'Orléans et le Bourbon ; Orléanistes, voudriez-vous écraser les Bourbon et Bonaparte ; Légitimistes, voudriez-vous anéantir Bonaparte et les d'Orléans ? Mais alors vous vous voudriez donc fusiller, transporter, renouveler sans cesse le deuil de la patrie, tuer son crédit et en faire une nouvelle Pologne !

En venant à nous, vous méritez bien de la Nation ! Soyons avant tout de notre temps et de notre pays surtout, n'allons pas prêter les mains à des tentatives de restauration monarchiste et unissons-nous sous le drapeau de la République, qui doit être celui de la conciliation générale, de la prospérité de notre patrie, celui des citoyens unis contre la guerre civile.

Montpellier, décembre 1875.

Montpellier, imprimerie L. Cristin et Cᵉ, rue Vieille-Intendance, nᵒ 5.

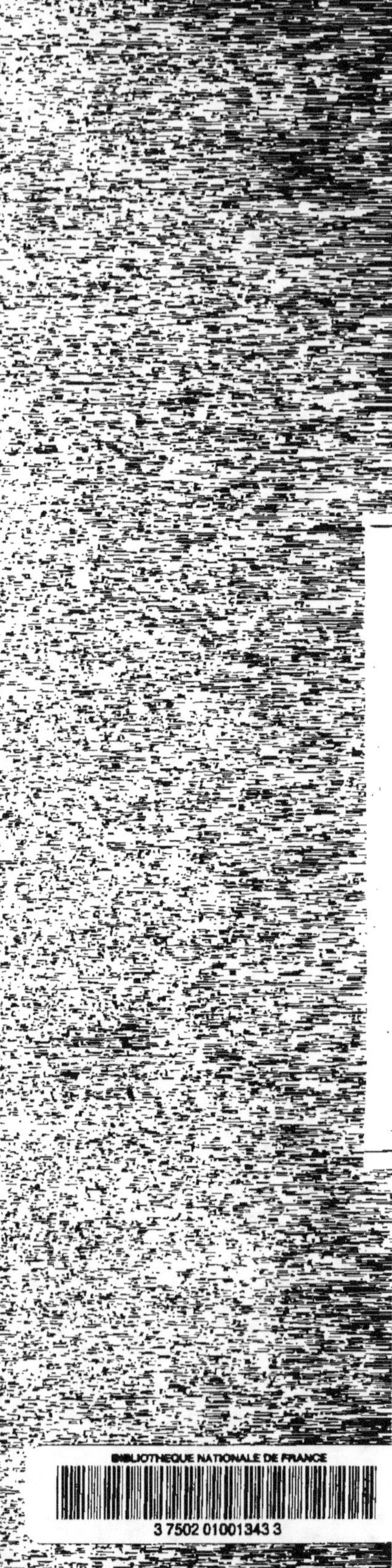